弥勒①

中国传统题材造型

徐华铛 ■编著

中国林业出版社

图书在版编目（CIP）数据

中国传统题材造型.弥勒.1／徐华铛编著.－北京：中国林业出版社，2011.1
ISBN 978-7-5038-6044-7

Ⅰ.①中... Ⅱ.①徐... Ⅲ.①佛像－中国－图集 Ⅳ.① J522

中国版本图书馆 CIP 数据核字（2010）第 255216 号

丛书策划　徐小英
责任编辑　徐小英
封面设计　赵　芳
设计制作　骐　骥

东风弥勒　谭荣初

出　版	中国林业出版社(100009　北京西城区刘海胡同7号)	
	http://lycb.forestry.gov.cn	
	E-mall:forestbook@163.com　电话：(010)83222880	
发　行	中国林业出版社	
印　刷	中国科学院印刷厂	
版　次	2011年1月第1版	
印　次	2011年1月第1次	
开　本	190mm×210mm	
字　数	142千字　插图约280幅	
印　张	7.5	
印　数	1～5000册	
定　价	48.00元	

大肚能容，
容天下难容之事；
开口便笑，
笑世间可笑之人。

和谐满神州（泥塑） 张立人

● **编著:**

徐华铠

● **摄影及照片提供者:**

徐积锋　　林格峰　　张立人
郑剑夫　　俞赛炜　　郭利群
林晓东　　朱振华　　裘忠平
郑人华　　马利勇　　黄城鑫
王　超　　赵孟均　　黄胤卿
裘宇陨　　徐　艳　　周洪洋
郑方杨　　吴建新　　俞沛旺
刘慎辉

此中别有一方天

——为华锴君的"中国传统题材造型"系列丛书作序

工艺家、鉴评家徐华锴，才足兼通，流可归杂，然述而有作，自具器识，染指文墨，每有异响。尤在工艺美术领域，其对作品的推介及史论的研索更有建树，迄已成书六十余部，行文百数万言，可谓书香盈门，硕果满枝。

艺文之果，声稀踪远，其于民族艺术之激扬自有催化之功，于工艺史论的研究更有奠基之功。华锴君其自出道始即耽缅于民族艺术之汪洋，耘耕于传

大肚乐装古今愁　夏箭斌

统文化之沃土，于故纸堆里淘金，从瓦砾丛中拾珠，孜孜兀兀，心无旁骛，寒暑数历、春秋几度，纵茧缚其无悔，开花甲而依然。就凭这股子精神，前路自必成蹊矣。

　　徐华铛著书，自有面向，自有所持，自有凤致。为致实用计，他坚持图文并茂甚而以图为主，附图务期精，务期多，所选图例既有传世之古物，公认之佳作，更有见所未见搜罗于乡野坊间的遗珠。图又分真赝，真者即影象件，赝者即摹写本，前者之优，真切如在；后者之胜，洗练明确。行文方面，他坚持以浅显的语言，述说梗概，阐发深义，既有渊源的追溯，又有理论的扶持。正是这种坚持，他的著作可视可读，宜赏致用，亦缘于此。

　　我与徐华铛是师生更是朋友，20世纪80年代初他在浙江美术学院(现为中国美术学院)修习时，我是他的老师，续后交往依然绵密。尔来几近三十年矣，他已开甲，我逾古稀，故人间之交往自应归于友道了。华铛君是在从事工艺美术创作与研究中胜出的，他在入读美术学院之前早有文名，而著书则在稍后。先是兴之所致编写一些小集子，其中亦有与同好合作写成的。获得好评之后则更一发不可收。他素有寻根溯源的兴味，更有敷演于文字的冲动，加之他的勤勉与毅力，孜孜以求，终成正果。现撰诗一首作为序尾。

> 破读天书意近狂，文山墨海任苍茫。
> 勤诚不废神人佑，茅舍荆篱引凤凰。
> 抟泥磨石溯渊源，长夜孤灯搜旧篇。
> 沙里淘金岂论价，此中别有一方天。

著名动物雕塑家
中国美术学院雕塑系教授　　**傅维安**

2010年10月

目　录

此中别有一方天

——为华喾君的"中国传统题材造型"系列丛书作序……傅维安4

卷首语…………………………………10

一、佛教中的正宗弥勒…………………11

（一）"菩萨装"的弥勒造像…………12

（二）"如来装"的弥勒造像…………15

元宝弥勒　佚名

二、中国式的弥勒——布袋和尚…24

（一）布袋和尚的身世………………24

（二）布袋和尚的象征………………27

三、中国弥勒的室外造像…………32

中国传统题材造型

弥勒①

十一、中国弥勒的笑声………… 112

期盼与您携手同行(代后记)………120

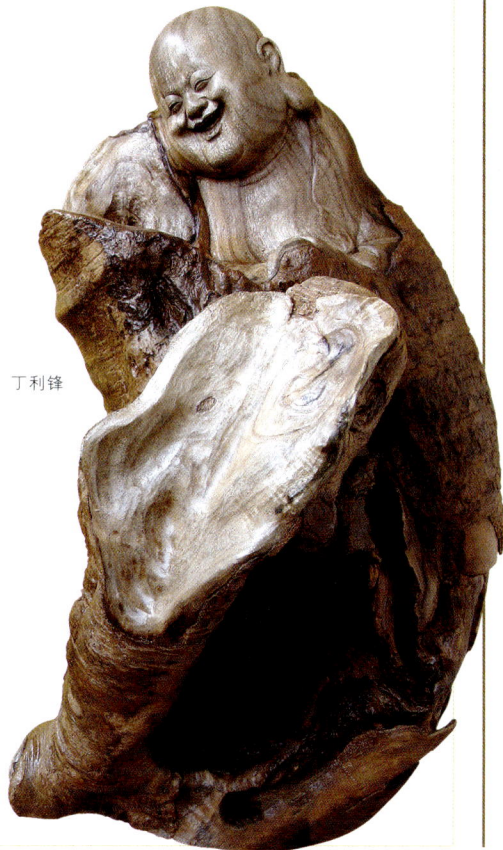

羞容弥勒　丁利锋

卷首语

弥勒，是古印度传到中国的一尊知名度很高、信仰度很广的菩萨，是佛祖释迦牟尼（如来佛）的接班人。56.7亿年以后，弥勒将从"兜率天宫"下生到人间，接替佛祖的地位。因此，弥勒有两种造像，一种是在兜率天宫的"菩萨装"，一种是来到人间后的"如来装"。

弥勒从古印度来到中国后，逐渐被汉化。唐代以后，则被中国的高僧布袋和尚契此所替代，使外来的弥勒成了中国式的大肚布袋弥勒。人们对这尊祖胸露腹、善眉乐目、笑口永开、携带布袋的大肚弥勒寄予无限的信任和期望，把他当成中国的"吉祥物"。

"大肚能容，了却人间多少事；满腔欢喜，笑开天下古今愁。"大肚弥勒肚量大，心胸宽，不计较人世间的是非憎爱，遇到冤家也能与之和平相处。寓神奇于平淡，示美好于稚拙，显庄严于诙谐，现慈悲于揶揄，代表了中华民族宽容、和善、智慧、幽默、快乐的精神。

中国弥勒在人们心目中的信仰可以说是以布袋和尚的欢乐、亲和、宽容的形象为中心的。欢乐，是弥勒的形；亲和，是弥勒的魂；宽容是弥勒的本。弥勒的信仰对社会形成一种相互体贴、互相包容、消解矛盾、积极进取、扩展胸怀的良好风尚有很大的帮助。因此，我们可以说，弥勒不仅是中国佛教的形象大使，也是中华民族的形象代表，在当今创建"和谐"社会的环境中，弥勒的造像更有特殊的意义。

台湾南投县"中台禅寺"
天王殿铜弥勒（现代）

一、佛教中的正宗弥勒

弥勒，在佛教中是未来世界的主持者，是佛祖释迦牟尼（如来佛）的接班人，即"未来佛"。

弥勒，是梵文的音译，意即"慈悲为怀"。在佛经中，慈悲的含意为"去苦予乐"，无条件地使对方得到快乐谓之"慈"，无条件地为他人除去苦难谓之"悲"。弥勒是姓，其名叫"阿逸多"，意为无人能胜过他。

弥勒出生在古印度南天竺一个大婆罗门家庭（属高种姓），与释迦牟尼佛是同时代的人。弥勒出生时，相好庄严，聪慧异常。按印度的习俗，生了孩子要请相师看相，相师看后惊异地说："此儿俱足轮王相，长大必然当转轮圣王。"这话很快传入国王的耳朵里，他即召满朝文武大臣商议。君臣们怕发生国内政变，急欲寻得此子加以杀害。其父预感大祸临头，即将弥勒藏匿到母舅家中悄悄抚养。待弥勒长大成人后，其父母考虑到其余身之祸终不能免，便送他皈依佛门，成为佛的弟子。后被释迦牟尼看中，指定为佛的法定接班人，称为"未来佛"。

据《弥勒下生成佛经》里说，弥勒离开"兜率"天宫（"兜率"为梵语译音，意为"知足长乐"），下界来到婆娑世界（即人世间），将托生于"阎浮提有翅头末城"一个名叫修梵摩的大臣家中。然后是降生、长大、出家、成道、说法，其经历与释迦牟尼一样。弥勒继释迦牟尼成佛后，将在华林园龙华树下说法，化度无量无边的众生。

正宗的弥勒造像是印度式的，庄严肃穆，超凡脱俗，凝神入定，常见于寺院中的大雄宝殿，以"竖三世佛"的形象出现。中间为"现在佛"释迦牟尼佛，左边为"过去佛"燃灯佛，右边为"未来佛"弥勒佛。

弥勒佛是浩瀚佛界的未来领袖，在信徒们的心目中有崇高的威望，故各地雕造的弥勒均十分高大，成了中国佛教造像中的鸿姿巨相。

宋代以前的弥勒像主要有两大类，一类是菩萨装的，一类是如来装的，分别根据《弥勒上生菩萨经》和《弥勒下生成佛经》创作。也就是说，菩萨装的弥勒在兜率天的形象；如来装是弥勒下到人世间的形象。

菩萨装弥勒

如来装弥勒

（一）"菩萨装"的弥勒造像

"菩萨装"的弥勒像主要表现弥勒菩萨在上生兜率天宫为诸天说法时的形象。弥勒得道后，颇受释迦牟尼佛的器重，但他的寿命不高，比释迦牟尼先离开人世，上升到"兜率天宫"。

佛经里说，兜率天宫是一个彻底光明的地方，能照耀世界。天宫分外院和内院，外院是"欲界天"，是天神居住的地方，这里到处是琼楼玉宇，金碧辉煌，莲花盛开，仙乐奏鸣，是世人羡慕的天堂。而内院则是弥勒菩萨居住之地方，庄严清净，是弥勒讲经说法之所，称为"弥勒净土"。

人间早期的信仰是弥勒的上生信仰，由于此时的弥勒尚为菩萨，因而上生信仰就是对弥勒菩萨和弥勒净土的信仰，世人只要持戒修禅、积累功德，或念弥勒的名字，死后即可往生弥勒净土。进入弥勒净土不仅可以不入生死轮回，还可以常听弥勒讲经说法，将来能与弥勒一道下生世间，解脱成道。因此，弥勒的造像便成了菩萨形。菩萨形的弥勒像表现了弥勒菩萨在兜率天为诸天说法时的形象，头戴宝冠，身披璎珞，呈交脚坐式，或是以左脚下垂，右手扶脸颊，呈半跏思维形。其造型带有浓郁的印度风格，大多为金身弥勒。

1.雍和宫弥勒造像

菩萨装弥勒造像最为典型的当数北京市雍和宫万福阁内的"迈达拉弥勒"，迈达拉是蒙语里弥勒佛的梵文音译。在17世纪以后，弥勒信仰在蒙古地区十分广泛。

迈达拉是一尊非常高大的弥勒菩萨造像，主体部分是由一根完整的白檀木雕刻出来的，手臂及垂下的衣纹飘带，则是由其他木料雕刻后辅

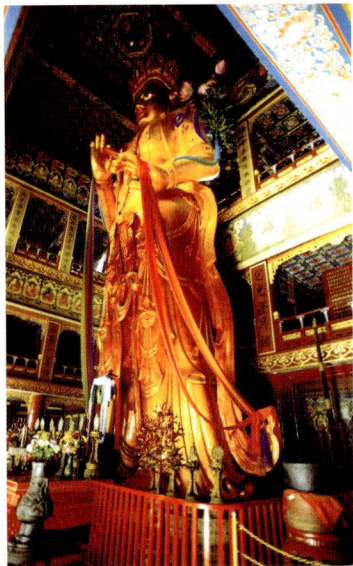

北京雍和宫白檀木弥勒（贴金后）

助而成。这根完整的白檀木通高26米，有8米被埋入了地下，我们所能见到的是地面部分的18米。弥勒矗立在汉白玉须弥座上，虽然体形巨大，但丝毫没有笨拙之感。弥勒体态雍容华贵，通体贴金，遍身披有宝石镶嵌的璎珞，头戴藏式五叶佛冠，面容慈祥，脸颊丰圆，双目平视，鼻梁挺坚，眼脸中部略微下垂，眼睛大而宽平，双耳垂轮，其后出扇形宝缯。弥勒胸部丰厚饱满，双臂结实有力，左手位于腰部，掌心向下作触地印，右手当胸，掌心

向前，作说法印。弥勒的双臂皆有臂钏，肩披天衣，下垂至裙摆下端。弥勒的造型不仅承袭了中国古代传统高大立式造像和明代汉藏风格造像的特点，也有蒙古和汉传佛像的味道。

这棵巨型的白檀木来自尼泊尔，它是由西藏的第七世达赖喇嘛用重金从尼泊尔购得后，再由西藏经四川走水路，历时三载，运到北京作为贡品进献给乾隆皇帝的。

北京雍和宫白檀木弥勒（局部）

西藏日喀则札什伦布寺中的大铜像"强巴佛"

$\qquad$和宫的弥勒造像体现了清代全盛时期佛像制作的最高工艺水平，也深刻的表达出乾隆皇帝治理蒙藏的良苦用心。其时，对于随时可能飘起于塞外的蒙藏铁骑，乾隆皇帝采取了完全异于朱明王朝的对抗镇压策略，而倾向于团结和好，亦即民间所言"明修长城清修庙"。他抓住了雍和宫雕造弥勒菩萨这张王牌，修筑起民众心中的长城，化干戈为玉帛，实现了民族的大统一，疆域的大扩展，王朝的大稳固。难怪有人说，长城是民族的对抗的产物，而雍和宫内的弥勒菩萨则是民族融合的象征。因此，这尊巨型的木雕弥勒菩萨在清代藏传佛教艺术的发展史上留下了浓墨重彩的一笔。

1990年8月，雍和宫弥勒大佛被载入吉尼斯世界纪录，成为独木雕刻佛像世界之最。

2.札什伦布寺的铜像弥勒

西藏日喀则市札什伦布寺中的大铜像"强巴佛"建于1914年至1918年（弥勒佛在藏语中叫强巴佛），也是菩萨装的弥勒。佛像高22.4米，莲花座高3.8米，总高26.2米，单一只耳朵就有1个半成人的高度。整座弥勒像均用铜铸成，动用工匠1750名，民工7000余人，耗用青铜23000余斤，黄金6700余两。佛身镶嵌珠宝无数，仅眉目间的白毫，就用钻石等1730余颗。将其称为寺院中的铜铸菩萨形弥勒的世界之最，是当之无愧的。这幅弥勒图是在三层楼上拍摄的头部像。

其他如山西大同云冈石窟的两尊交脚弥勒也是菩萨装的弥勒，两尊弥勒均雕凿于北魏孝文帝年间（公元460年），一尊高为13米，另一尊高为15.6米。值得一提的是13米高的那尊弥勒的巨大右手放在胸前，这只悬在胸关的手时间久了可能会出现断裂，古代的艺术家便巧妙地在右手腕下雕有一个托臂的力士像，为这只手起了支撑的作用。这两尊交脚菩萨装的弥勒造像经历了

1500余年的岁月风烟，头上的宝冠、面部及羊肠纹菩萨大裙虽受到不同程序的损坏，但其神韵和气势却仍然存在。

山西大同云冈石窟寺交脚弥勒右臂下的力士

山西大同云冈石窟寺交脚弥勒

（二）"如来装"的弥勒造像

"如来装"的弥勒造像则是弥勒下生成佛后的形象，与释迦牟尼佛的造像没有多大区别。

据佛经记载，弥勒在兜率天宫的时间是四千年，换算成婆娑世界的时间是56.7亿年，即弥勒在兜率天一天，人世间便是400年。当弥勒在兜率天命终之后，便下生人间接替释迦牟尼成佛。

按佛经的说法，释迦牟尼佛寂灭后，世界将陷入极大的混乱和灾祸之中，芸芸众生，无所依靠。只有弥勒下生之后，人间生活才能幸福，那时，四海大同，国土富盛，五谷丰登，自然祥和。每个人的相貌美若天仙，寿命长达八万余岁，无病无灾，福乐安康。因此老百姓热切地盼望着弥勒早日成佛，早日来临，好早一天解脱苦难，过上幸福的日子。随着弥勒下生信仰的逐渐流行，对弥勒的造像也在悄悄地运作，如来装弥勒的造像便开始出现。

如来装的弥勒像与释迦牟尼的造像相似，头梳发髻，多为站姿式或交脚坐姿。从北魏开始，我国逐渐流行对弥勒的下生信仰，出现弥勒穿上佛装的如来形。

1. 乐山弥勒大佛

中国最大的如来装弥勒大佛叫"乐山大佛"。乐山大佛在四川乐山市东部500米处的凌云山，故又名"凌云大佛"。大佛依凌云山的山势开山凿成，面对岷江、大渡河和青衣江的汇流处。大佛高71米，肩宽24米，头高14.7米，眼长3.3米，耳长7米，脚背到膝高28米，脚背宽8.5米，脚上可围坐上百人。

四川乐山大佛头像

乐山弥勒大佛素有"佛是一座山，山是一尊佛"之称，是目前世界上最高的石雕大佛。大佛为倚坐式，两手置于双膝，低眉含笑，嘴唇紧闭，头顶是印度婆罗门式右旋螺发型。着垂领袈裟，显得神秘而庄严。

乐山大佛的开凿发起人是贵州籍的海通和尚。当时，凌云山是岷江、青衣江、大渡河的汇聚处，水势凶猛，浊浪翻滚，舟楫至此常遭颠覆。海通和尚感到弥勒是能为人间带来光明和幸福的未来佛，因此，他想凭借弥勒大佛的无边法力来减缓水势，永镇江涛。他便遍行各地，募化钱财，开凿大佛。

弥勒大佛于唐玄宗初年（713年）开始动工，当凿到肩部时，海通和尚去世了，工程一度中断。大约过了十年，海通的徒弟在剑南西川节度使章仇兼琼的资助下，领着工匠秉承师傅遗愿继续修造大佛。由于工程浩大，朝廷下令赐麻盐税款，加快了工程的进展。

四川乐山大佛

四川乐山大佛正面像

四川乐山大佛耳朵发髻

当弥勒大佛修到膝部时，章仇兼琼升为户部尚书赴京，工程再次停顿。四十年后，剑南西川节度使韦皋捐赠俸金续建大佛。在前后三代工匠的努力下，乐山大佛于唐德宗贞元十九年（803年）完工，前后工程历时90年。

唐代的佛像造型善于吸收外来的因素，与本地的传统文化相结合。这尊大佛的发式还是印度式样，有1021个螺髻，但从整体看，却有汉人的特点。印度佛像的"宽肩细腰"在大佛身上已荡然无存，取而代之的是壮实的双肩，饱满的胸脯，体现了唐代崇尚肥硕美的时尚。乐山大佛坐立的姿态并不是印度式佛像的"结跏趺式"，而是双脚自然下垂，这种平稳而安定的坐势，给操舵行船者增添了战胜激流险滩的勇气。

乐山大佛体态均匀，神势肃穆，临江危坐。它阅尽多少人间春色，经历多少朝代更迭，依然肃穆慈祥，心旌不摇。

2. 新昌弥勒大佛

"寒钟鸣远汉，瑞像出层楼。至此看无厌，天台觉懒游。"这是唐代大诗人李白赞誉浙江新昌石弥勒的诗篇。新昌弥勒造像位于浙江省新昌县南明山仙髻岩，是依天然山势用人工在岩壁上雕凿而成，高17.6米，两膝相距10.6米。弥勒盘膝安祥趺坐，面容端肃穆，慈祥和蔼，修长的眉眼，挺直的鼻梁，微厚的嘴唇，垂肩的双耳，展示了弥勒沉静、智慧、坚定、超脱的内心世界。值得一提的是弥勒的高低比例和透视关系十分符合科学原理，不管人们站在哪个角度瞻仰大佛，均显得协商得体。

石弥勒大佛结伴人生已有1500余个春秋，它开凿于南朝齐永明年间（183～493年），完工于梁天监十二年（513年），相传是有僧护、僧淑、僧祐三个和尚主持完工的，其间盛传着他们开凿弥勒石佛的故事。

东晋高僧昙光云游到浙江新昌南明山，见这里嵬岩攒簇，石壁千仞，古藤峥嵘，花开如锦，深为这幽雅的自然风光所陶醉，便到处募缘，开山建寺。一百余年后，该寺的主持长老僧护，每至寺北的千仞石壁下，总能闻到悠扬美妙的音乐之声，抬头仰望，仿佛看到千尺岩壁之上，立着一尊宏浑端庄的弥勒佛像，并在睡梦中也屡见此像，遂立志要在这块千仞石壁"仙髻岩"上凿出一尊弥勒石像。由于石壁实在太坚硬了，僧护终其一生，仅仅凿了一个浅浅的弥勒头像。

此后，有一个法号叫僧

浙江新昌大佛寺中的石雕弥勒

淑的和尚也看中了这块宝地，继续凿弥勒石像，僧淑专心致志，废寝忘餐地雕凿，但石像的体积实在太大，一直至死，弥勒还只是一个线条粗犷的轮廓。

梁武帝天监年间，建安王朝的统治者萧伟笃信佛教，他听说新昌仙髻岩的大石佛只雕凿到一半便撂下了，感到很可惜，便诏派僧祐前往新昌主持其事。这僧祐是一个名重佛坛的雕塑艺术家，他到新昌后，做了大量调查工作，设计了一个凿佛方案，组织了一批石雕艺人，遵照前人留下的石弥勒轮廓，进行立体的雕凿，经历了十数个严寒酷暑，终于雕凿成功。弥勒殿的石柱上写着"东晋三僧创古刹为南明山水生色"的铭文，就记述了僧护、僧淑、僧祐三个和尚凿佛的轶事。后人传说，这三个僧人都是东晋的开山祖师昙光和尚转世的。

"齐鲁造像，越国敦煌"，后人把这尊石弥勒佛像和甘肃的敦煌石窟艺术媲美，是颇为得当的。

3.柯岩弥勒石佛

　　柯岩弥勒石佛地处浙江绍兴著名风景区柯岩,位于柯山脚下。三国时期,这里曾有一个采石场,经历代能工巧匠的不断开凿,鬼斧神工般地造就了姿态各异的石宕、石洞和石壁。

　　柯岩弥勒石佛开凿于隋代,竣工于初唐,是由三代石工相继凿成。石佛兀立于水中,连穹顶高20米,石佛高14米,是浙江四大石佛之一。佛像呈坐姿,左手抚膝,右手作说法状,佛面丰满圆润,顶有螺形发髻,法相敦厚慈祥,身穿褒衣博带式袈裟,仪态文静端庄。据说弥勒石佛的两耳之间有一穿洞,可容一人匍匐穿

浙江绍兴柯岩石弥勒(局部)

行。那是石工为便于凡人的祈祷能句句进入佛耳,因而将佛耳的两端凿穿相通。此石佛是柯岩的主景,是柯岩的象征,是柯岩的绝胜,也是柯岩的灵魂。

浙江绍兴柯岩石弥勒

中国传统题材造型 **弥勒** ①

河南浚县石弥勒

4.浚县石弥勒

河南浚县石弥勒是北方最大也是全国最早的摩崖造像。石弥勒在该县天宁寺大佛楼内,古称大佛岩,高22.29米。据明嘉靖修的《浚县志》记载,石弥勒系十六国后赵时期所建,距今已有1600余年的历史。弥勒整体造型呈三角形,为跏趺坐势。大佛双肩齐挺,左手扶膝,右手曲肘前举,手心向外,施"无畏印"。头部为螺髻,面方颊圆,双目平视,嘴唇紧眠,神情庄严。脖项有"三道",造型古朴,线条遒劲,风格雄健,反映了早期造像艺术的特点,是我国摩崖造像史上留下的典型范例。

5.牛角寨弥勒石佛

牛角寨弥勒石佛又名仁寿大佛,位于四川仁寿县城北35公里的文官镇高家乡鹰头村牛角寨山上,是一尊依崖壁镌造的弥勒佛胸像。石佛坐西向东,高15.85米,宽11米,弥勒双手齐胸合十,面型慈祥丰满,嘴微闭,眼微启,平视东方,眉似弯月,发成螺髻。

大佛雕造于唐中宗景龙元年(707年),其工程布局、人物形态与乐山大佛如孪生兄弟,极为相似。据文物专家推测,它是乐山大佛的蓝本之一,该石佛建成6年后始开凿乐山大佛。牛角寨弥勒石佛为全国最大且唯一的一尊胸佛,被誉为"中华第一胸佛"。

四川仁寿县牛角寨弥勒石佛像

韩国法住寺内的如来装铜弥勒（局部）

这里值得一提的是在韩国南部忠清北道的古刹"法住寺"内，有一尊如来装的青铜弥勒巨像，堪称当代如来装弥勒像中的精品。像为立式，高达33米，弥勒左手施无畏印，右手施愿印，这两种印相为佛像的常见形式，以大慈大悲之心愿，消除众生的恐惧，实现众生祈求的愿望。弥勒宝相巍峨庄严，双颊丰润饱满，眼眶宽长，眼珠合七开三（即眼珠的七分隐于上眼眶内，三分露出），鼻梁端挺，双唇合闭，脖下三道弧线丰硕而圆润，长耳垂肩，耳垂丰满，螺发排列工整，发尖向上，眉间有白毫。整个脸庞在慈祥中透出庄重高雅，和中国如来装弥勒的脸部刻画十分相似。弥勒的头光为法轮形，轮外装饰有火焰纹。在佛教中，火焰为清净吉祥之物，与法轮及轮内七尊小佛结合在一起，形成了火焰千佛光，在庄重中透出灵气，这又与中国佛像的装饰风格一致。

韩国如来装弥勒像给我们一个深深的启示，弥勒大佛的造像已冲破了国界，达到了交流的大同，从中反映出世界人民追求和平，祈求欢乐、亲和、宽容的心愿是一致的。

韩国法住寺内的如来装铜弥勒

二、中国式的弥勒——布袋和尚

东汉时期，佛教从印度沿着丝绸之路传入中国，经过与中国传统文化的长期融合，逐步趋向中国化，最后形成了中国传统文化的重要组成部分，其中最为明显的直观标志是外来的弥勒造像为中国僧人所替代，这个中国僧人就是产生于唐代僖宗年间至五代后梁时期的浙江明州奉化（今宁波奉化市）布袋和尚"契此"。

（一）布袋和尚的身世

布袋和尚契此是奉化大桥镇长汀村人，谁也不知道他出生于何处，也不知道他的生身父母，据说是一个叫张重天的渔夫把他抚养成人的。

这是一个冬天的早晨，张重天撑着竹排打夜鱼回家，看见大桥岳林寺那边漂来一块薄冰，冰上坐着个七八岁模样的小男孩，身上只系个蓝肚兜，在大冷天里伸着胖呼呼圆鼓鼓的小手小腿，圆圆的脸蛋上漾着笑脸，圆屁股下垫着只青布袋。张重天没有子女，见到这么一个可爱的孩子心里十分欣喜，就把他抱回家中，收为义子，取名为"契此"。

转眼十年过去了，契此长成笑哈哈的小后生，不但长得富态，而且是个福星。他心地善良，为人勤快，乐于助人，村里人都喜欢他。这年春天，大家都去水田中插秧，插秧是江南水稻种田的季节活，不能错过时机，因此契此种好自己的田后，就去帮一些年老体弱的困难户种田。他帮了一家又一家，还和村里的年轻人一起唱歌，并自己即兴编唱了这样一首颇有哲理的插秧歌：

手捏青苗种福田，
低头便见水中天。
六根清净方成稻（道），
后退原来是向前。

契此对佛教很有兴趣，常常到大桥镇的岳林寺去和寺里的僧人交朋友，后来便在岳林寺削发为僧，自号"长汀子"，成了一个下层的游方僧人。契此身材矮胖，肚子特大，常拿着一根木杖，荷一布袋，四处云游募化。口中常歌："我有一布袋，虚空无挂碍，展开遍十方，入时观自在。"故而人们称他为"布袋和尚"。

中国传统题材造型
弥勒 ①

放下布袋，何等自在（紫砂）

布袋和尚的行为也很奇特，天将晴时便穿上高齿木履，天将雨时则穿上湿草鞋，人们见到他脚上的穿着便能预测天气的变化。他没有固定的住所，随处寝卧，处处为家，冬卧雪中，露着大肚皮，不知寒冷。肚中饥了，便到市场上乞食，从不挑食，不管荤素好坏，便吃入肚中，食物多了，便放在袋中。

布袋和尚形如疯癫，却和蔼可亲；平时谈话嬉笑怒骂，却颇有哲理，举手投足，皆有寓意。他虽然能预言人间吉凶，却又很有分寸，只是暗示人们避开灾祸。更为奇特的是他在哪里行乞，哪里的生意便分外兴隆，故布袋和尚深受普通百姓的欢迎。

布袋和尚身后背着的这个布袋是有讲究的。遇到需要帮助的人，他就放下布袋，给予点拨，使他解除困难，轻装上阵。倘若那人一副茫然，烦得烦失，他就背起布袋，然后唱着歌扬长而去。有人作了这样的理解：当布袋和尚放下布袋，意味着劝人把世俗的一切都放下，放下了，自然就解脱了。如果不能放下，那就背上包袱，遭受磨难，布袋和尚只有离去。

"行也布袋，坐也布袋；放下布袋，多少自在。"布袋和契此形影不离，他常用竹杖挑着这个大布袋四处化缘。每当化到钱财什物，便放到布袋里。遇到天气好时，他会把化缘来的钱财什物一古脑儿地从布袋中倒出来，让大家观看。

乐走四海　谭荣初

弥勒道场——浙江奉化雪窦山

"大佛慈国"——瞻仰弥勒大铜佛正门

布袋和尚的圆寂也耐人寻味。后梁贞明二年（916年）三月三日，他端坐在奉化岳林寺东廊的一块盘石上，说偈曰："弥勒真弥勒，分身千百亿；时时示世人，世人自不识。"偈毕，安然而化。岳林寺僧人根据布袋和尚生前遗愿，将他肉身葬于奉化县北的山腰间，后在该地建造了中塔寺，布袋和尚的塔墓就在寺内，称"佛塔亭"。

布袋和尚圆寂后，他笑口常开、袒胸露腹的形象为群众所喜爱；他和蔼可亲，宽容助人的理念为群众所需要；他讲述的辞世偈语及富有哲理的诗歌为群众所信服。布袋和尚逐渐向禅宗方面演绎，由一个神异的游方僧人形象，向一个智慧快乐的禅师演变。在与中华民族文化的融合中，在中国民间巨大的社会力量里，不断地演绎，最后慢慢地尊奉为弥勒的化身，成了具有中国特色的弥勒佛。

宋代岳林寺方丈昙振于崇宁二年（1104年）在寺内塑造起第一尊以布袋和尚形象为原型的弥勒佛像，供奉于"崇宁阁"，从此，各地纷纷仿效，袒胸露腹的笑口弥勒逐渐从江浙普及到全国各地的汉传佛教寺院。

布袋和尚入葬的塔墓也非同凡响，早晚屡发异光，地方官员把这情况层层上报朝廷，受到皇帝的推崇和封号，北宋元符元年（1098年）哲宗皇帝封他为"定应大师"，封其墓塔为"定应大师塔"。北宋崇宁三年（1104年）徽宗皇帝以自己的年号命名岳林寺内供奉布袋弥勒的殿堂为"崇宁阁"。从此，布袋和尚真正取代了佛经里的弥勒而名扬华夏大地。

布袋和尚在世时，曾多次上奉化雪窦山弘法。他圆寂后，被世人奉信为弥勒转世。因此，雪窦山上的雪窦寺被信众广泛尊崇为弥勒的道场，雪窦山名声鹊起，渐成为次于五台山、峨眉山、普陀山和九华山后的佛教第五大名山。

大肚宽容笑常在（紫砂）

（二）布袋和尚的象征

笑容满面，长耳垂肩，圆圆大肚，袒胸露腹是中国弥勒——布袋和尚的外形特征。而布袋，是他带在身边形影不离的物件。

布袋和尚所重的不仅因为其形象的奇特，更因为其思想的超脱，他的外形均有讲究和寓意。

笑容满面：弥勒的笑容充满了无尽的慈爱，使人忘却身边的烦恼和忧愁，用快乐去面对一切。

长耳垂肩：弥勒的垂肩长耳表示他的慈爱无限，慈耳善听善解一切语言，纵使人家骂来也不生气。

圆圆大肚：弥勒的圆圆大肚表示他的慈心无量，大肚能容天下一切事，无论智、愚、贤、蠢，于人无所不容。

袒胸露腹：弥勒的袒胸露腹表示他的赤子心怀，真诚无欺，坦荡无私。

布袋：弥勒的布袋表示他的大慈大悲，妙法无边。布袋能装天地间一切至宝，能带给世人财富，亦能带给世人幸福和光明。

布袋和尚是人们广为信仰的一尊菩萨，是人们心中的一座活佛，是苦难人民黑暗路上的一盏明灯。"笑对山川，喜解人间烦恼事；欣纳天地，乐装宇内古今愁。"人们在生活中需要他的欢乐，需要他的亲和，需要他的宽容。

有人说，布袋和尚是活跃在民间的，他是平头百姓的救星，他携带的布袋是人们心目中的希望。武夷山画家蒋步荣为自己画的《布袋僧》题了一首诗：

布袋僧，袋空空，　　随身布袋储清风。
风是玉粒粮千廪，　　又是甘泉饮不穷。
布袋乾坤无饥渴，　　又能防暑御寒冬。
任西东，意从容，　　沐风栉雨万里蓬。

"日日携空布袋，少米无钱，却剩得大肚宽肠，不知众檀越信心时，用何物供养；年年坐冷山门，接张待李，总见他欢天喜地，请问这头陀得意处，是什么来由？"这是清代乾隆年间泉州知府王廷诤为福建福州鼓山涌泉寺写的一副楹联，楹联中，弥勒"日日携空布袋"却"大肚宽肠"，"年年坐冷山门"总"欢天喜地"。布袋和尚的大肚和布袋成为一种宽厚、包容的象征。

北京潭柘寺弥勒殿内的一副楹联更为人们所传颂："大肚能容，容天下难容之事；开口便笑，笑世间可笑之人。"容天下难容之事的"容"，作宽容气度而解，心胸宽如大海，容得下世上恩怨情仇，装得下人间风雨云烟。这里的笑，则有嘲讽的味道，是笑那些"世间可笑之人"。

四川成都市新都宝光寺的弥勒楹联则更明确地反映了弥勒的人生哲学："你眉头着什么焦，但能守分安贫，便收得和气一团，常向众人开口笑；我肚皮这般样大，总不愁穿忧吃，只因可包罗万物，自然百事放宽心。"联语平白如话，告诫人们心胸宽阔，乐观开朗的人生哲理，这也是弥勒包容、欢喜、慈悲、自在的精神和理念。

布袋和尚的思想也颇为超脱，他留下的诗偈不多，却耐人寻思。他有一偈："一钵千家饭，孤身万里游。青目睹人少，问路白云头。"正是禅家云水生活的生动写照。特别是"青目睹人少，问路白云头"更耐人寻味，既是布袋和尚人生理念的体现，也是他对那些被利欲染得面目全非的人的痛心。像布袋和尚这样的大德僧人，他的一生不知道要行脚多少地方，要见多少世面，尤其是有的"芸芸众生"，他们执迷不悟，要度他们，要遭多少的"青白眼"，这是多么的不容易。结尾的那一句"问路白云头"给人以意味深远的境界：禅师的行踪将在那渺无人烟的旷远之处，在那白云的尽头。

"青目睹人少，问路白云头"（古沉木雕）　周洪洋

中国传统题材造型
弥勒
①

"一钵千家饭，孤身万里游"
（紫砂）　叶宏俊

他还有一诗偈，被后人传诵："是非憎爱世偏多，仔细思量奈我何。宽却肚皮须忍辱，豁开心地任从他。若逢知己须依分，纵遇冤家也共和。若能了此心头事，自然征得六波罗。"布袋和尚强调不要去计较人世间的是非憎爱，要"宽却肚皮"、"豁开心地"，只要肚量大，心胸宽，遇到冤家也能与之和平相处，甚至还能悟道成佛。

长期创作根雕弥勒的根艺大师郑剑夫在日积月累中也悟出了一副对联"笑口常开天地宽，大肚能容日月长"。

"笑口相逢，到此都忘恩怨；肚皮量大，个人收尽乾坤。"弥勒更多地把佛教对现世的关怀呈现给了社会，人们认识弥勒往往从"笑口常开"、"大肚能容"去理解，并形成一种民众的心理。

"笑口常开天地宽"（古沉木雕）　郑剑夫

"大肚能容日月长"（古沉木雕）　郑剑夫

我们赞美弥勒的"笑"，我们倡导弥勒的"容"，这始终是弥勒信仰在人们心目中的一根标尺，是弥勒信仰构成和谐社会的一股主流，什么时候，我们都不能忘记。然而，弥勒的宽容和笑声也是有度的。湖南醴陵护国寺弥勒殿内有一副楹联说得好："大肚纵能容，也不容瘴气乌烟、贪赃枉法；慈颜常带笑，最可笑虚情假意，欺世盗名。"

"笑到几时方合口；坐来无日不开怀。"弥勒的开怀笑声，弥勒的宽容大量，断却许多烦恼事，结成无量欢喜缘，因此弥勒成了中国佛教中最受人们喜爱的形象，成了人们心目中欢乐和谐的象征。

人间冷暖记心间　品根斋

肩扛布袋走天涯（古沉木雕）　谭荣初

三、中国弥勒的室外造像

　　千百年来，在华夏大地上供奉的室外弥勒造像，大多是照布袋和尚的形象塑造的。古代和现代的造像艺术家们强化了弥勒笑口常开、大腹便便的慈祥特征，使之形成具有中国特色的弥勒形象。人们对这尊袒胸露腹、箕踞而坐、善眉乐目、笑口常开的弥勒寄予无限的信任和期望。

　　在这一章里，我们讲述的是弥勒的室外造像。室外的弥勒背靠青山、头顶蓝天，其形体显得高大而伟岸。

　　历代遗留下来的室外造像大多是石雕的，弥勒借顽石而永生，显得厚重而宏浑；现代的造像则大多是铜铸的，弥勒借金属而生辉，显得气派而华贵。

杭州灵隐寺飞来峰石雕弥勒
（北宋）

杭州灵隐寺飞来峰石雕弥勒（元）

福建福清瑞岩石弥勒（明）

（一）历代弥勒的造像

杭州灵隐寺飞来峰岩石上雕刻的布袋弥勒，是飞来峰石刻的标志性作品。弥勒倚坐于山崖上，圆圆的光头呈比丘相，双耳垂肩，笑口大张。身穿袈裟，袒胸露腹，一手按着一个大布袋，一手持着一串佛珠乐呵呵地看着前来进香、游玩的人们。其丰满的身躯，不羁的坐势，宽阔的天庭，极富表现力的眉目，给人留下乐观、智慧的印象。后有人在弥勒两侧加刻了十六尊罗汉，但其雕刻技艺远远不如布袋弥勒的造像。据《云林寺志》记载，这尊弥勒造像是北宋乾德四年的作品（967年），云林寺就是灵隐寺，这比人们常说的飞来峰弥勒为南宋造像提前了好几百年。飞来峰还有一尊石刻弥勒为元代的造像。

福建福清市海口镇牛宅村瑞岩山上有一尊弥勒佛石刻造像，是全国重点文物保护单位。弥勒像依岩石自然形态雕凿，高6.4米，宽8.9米，厚8米，头部高2.3米。弥勒盘腿而坐，袒胸露腹，左手捻珠，右臂抚腹，双眼平视，两耳垂肩，笑容可掬。怀中和腿上还有三尊小和尚，为这尊胖大的石弥勒增添了生机。瑞岩弥勒佛造像雕凿于元代至正元年（1314年），竣工于明洪武元年（1368年），历时27年，为目前福建省最大的佛教石雕造像，可与泉州的道教老君石像相媲美。

弥勒故里:浙江奉化溪口雪窦山铜铸弥勒(正面像)

(二)现代弥勒的造像

　　人们已经非常熟悉并喜爱弥勒那笑口常开、袒胸露腹、轻松自在的形象,这个形象体现了中华民族宽容、和善、智慧、幽默、快乐的精神,显示了弥勒的平民化身份,拉近了弥勒与老百姓的距离。布袋弥勒的这些精神风貌,不仅为中国人民喜爱,也是世界各国人民的追求和期盼。因此,布袋弥勒冲破国界,受到东南亚、日本、朝鲜、欧美等国家和地区人民的欢迎,在这些地方的佛教信仰地,都可以看到布袋弥勒笑容可掬的形象。

1. 全球目前最大的弥勒坐像——"人间弥勒"

　　大肚弥勒已越来越受到世人的关注,2000年6月,大肚弥勒契此的故里——浙江省奉化市举行了弥勒文化节,并在契此灭度的岳林寺召开了弥勒文化学术研讨会。为弘扬弥勒文化,发扬弥勒精神,与会专家和佛教界高僧呼吁将弥勒佛的道场雪窦山作为中国佛教的第五大名山,并在山上耸立露天铜铸弥勒大佛。

　　2005年9月23日,建造铜铸弥勒大佛的工程经国家宗教事务局管理正式批准同意后,于2006年12月29日在奉化溪口雪窦山上奠基并开工建造。大佛采用"锡青铜"材料制

弥勒故里：浙江奉化溪口雪窦山铜铸弥勒

造，具有特殊的意义，青铜艺术是源于石器时代的古典艺术的精粹，古朴青雅，持久永恒，在世上享有崇高的地位，经得起历史的考验。2008年7月7日，随着弥勒大佛最后一块钢板顺利吊装完成，佛像1209块铜组件安装完毕。经过矫正、抛光和喷漆后，2008年11月8日，全球最高的坐姿铜制露天弥勒大佛造像落成，并定名为"人间弥勒"。

大佛位于奉化雪窦寺后山海拔369米的山坡上，总高56.74米，其中铜铸佛身33米，莲花座9米，基座14.74米。弥勒左手提布袋，右手握佛珠，面相丰满，笑容可掬，极尽自然之态，一脸的福相。既大气亲切，又不失庄严，极具艺术感染力。人们为这尊弥勒大佛注入了虔诚的寓意：宽大头颅，表示智慧无量；明亮慧眼，表示慈心无尽；双耳垂肩，表示长命富贵、福慧双全；笑口常开，表示施乐人间、欢喜无边；袒腹露胸，表示真诚无比；圆圆大肚，表示宽厚包容；左手握布袋，提起来的是责任，放下去的是烦恼；右手握佛珠，表示把握未来乾坤；平放的左脚与竖起的右脚，表示弥勒菩萨在兜率宫内修持精进，为来生到人间成佛，会启龙华，度尽众生；大佛的双脚镌刻法轮，表示佛光普照；五只脚趾分别镌刻慈、悲、智、愿、行五个大字，分别表示弥勒、观音、文殊、普贤、地藏五大菩萨。

在铜铸弥勒大佛的下面广场上，有一组奏乐、献宝、供果的乐女。她们有的手托宝盘莲花，供果献宝；有的帔巾飘带，吹奏乐器。整组造型秀美典雅，风韵动人，和弥勒巨像形成一个整体。

弥勒故里：浙江奉化溪口雪窦山铜铸弥勒（局部）

弥勒故里：浙江奉化溪口雪窦山铜铸弥勒莲花座

正面　　　　　半侧面

台湾新竹县亚洲最大的
弥勒铜立像

2.亚洲目前最高的弥勒立像

　　2006年6月，亚洲最大的弥勒铜像在台湾新竹县峨眉湖畔峻工。铜像高57.6米，连同基座高72米，约24层楼高，光是铜像头部就有4层楼高，佛的手就近3米，比人还高。弥勒手捧的地球高达3层楼，有象征世界和平的意义，弥勒颈上戴的88颗佛珠，每颗直径88厘米，显示对佛的虔诚。弥勒铜像采用钢骨结构，由数千片凹凸不同的铜板雕铸组成，经切割、抛光、焊接等工艺后完工。整座弥勒立像共使用了1500吨钢材，600吨青铜。人们期盼在这块人间净土上打造一个"弥勒文化世界"，宣扬弥勒大慈精神。

3.其他弥勒的造像

　　山东济南千佛山的弥勒也是一尊鸿姿巨像，大佛位于千佛山风景区，弥勒佛像连底座整体高30米，佛体高21米。弥勒像原为锻铜质地，2008年再次贴金，贴金面积达1700平方米，用去含金量98%的24K金箔24万余张，合计约4.4公斤黄金，是国内最大的露天贴金佛像。

山东济南千佛山弥勒大铜像

云南弥勒县弥勒大佛

　　云南省弥勒县的弥勒寺是专门供奉弥勒的寺院，内拥有大佛、大运、大雄、大智四院，集弥勒强巴相、弥勒仙光相、弥勒布袋相、弥勒天冠相之绝致，成为"弥勒道场"之大寺。其中最为瞩目的是弥勒铜铸大佛，是瞻仰弥勒的好去处。

　　弥勒铜铸大沸在锦屏山上，从山门到大佛的石阶为1999级，不仅应了大佛19.99米的高度，也是对中国大众期盼好事要"长长久久"文化传统的一种诠释，还标志着这尊大佛完成于1999年的时间，心思可佳可鉴。仰望莲花座上的弥勒大佛，相貌可亲，快乐无比。他左手捻佛珠，右手平放大腿，凝视前方，笑容可掬，向一切来到他身边的人祝福平安，送来吉祥。

　　在弥勒寺前还有一尊铜佛，形体虽比大佛小，但仍有一定的风采。

云南弥勒县弥勒寺前的铜佛

中国传统题材造型

弥勒

①

浙江新昌大佛寺的景区内，有一岩山，犹如佛躯端坐。石雕艺术家们因山势施艺，在岩山上配置一个10米高的弥勒头像，通高30米，巧成一尊露天弥勒大佛，既有自然造化之奇，更有人工点缀之妙。大佛头顶蓝天白云，参悟人世万象，笑迎八方来客。大佛旁边安置了数尊石雕的小型弥勒，随缘论道。你看，他们在苍翠欲滴的绿树丛中化缘，连自己的身体也被沾染上绿色的神韵。

浙江新昌大佛寺"佛山圣境"石弥勒

"佛山圣境"中的小石弥勒之一

"佛山圣境"中的小石弥勒之二

四、少年弥勒造像

少年阶段的弥勒天真活泼，丰硕的圆脸上充满着稚气和童趣。高级工艺美术师张立人用泥巴塑造了三尊颇有特色的少年弥勒的造像，他大胆想象，艺术处理，把弥勒的一些特征用少年的体形表达出来，在写实的基础上给予装饰性的夸张，使弥勒的形象充满了活力和童趣。

在"请看我身"中，少年弥勒挺着大肚，背着双手，拼着双脚。10个脚趾头呈弧圈状排列，既稳似泰山，又成了底座的装饰。那张开的厚嘴唇，露出还未出齐的乳牙；那高高上扬的八字眉下面，连着笑成一线的月牙形细眼，配以夸张的虎鼻和垂肩的双耳，正得意地看着你，活脱脱一个正向朋友夸耀自己能干的少年弥勒形象。

在"请您进来"中，少年弥勒欠着身躯，张开肉敦敦的双手，袒露胖乎乎的胸腹，张开厚厚的嘴唇，露出宽宽的乳牙，那肥肥的胖脸上充满着天真的稚气，那垂肩的双耳透露出佛家的神气，正彬彬有礼地欢迎您进来。那排列整齐的10个脚趾头为整个造像增添了浓郁的装饰味。

在"请听我说"中，少年弥勒平摊着双手，似在台上作振振有词的演讲。那上扬的双眉和往下俯视的双眼，配以喇叭形的嘴巴，他似乎正说到关键之处，进入了忘我的境界。

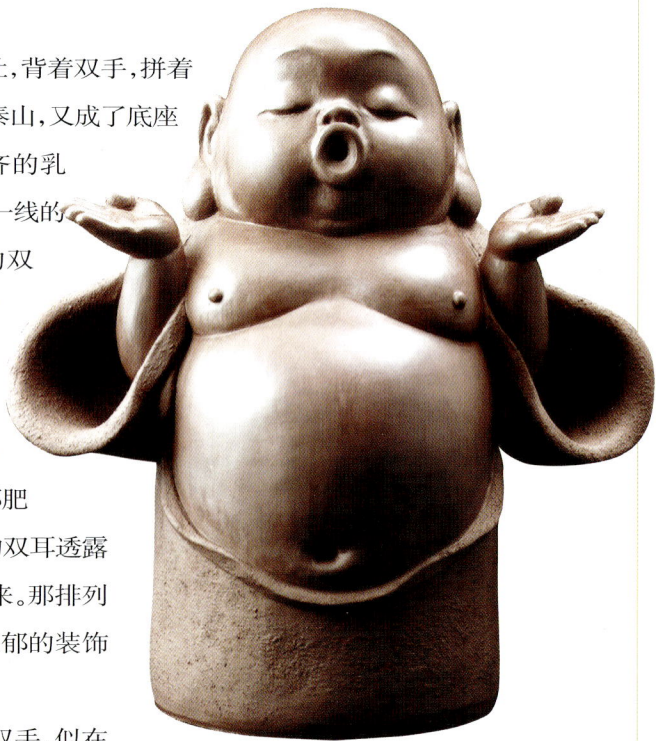

"请听我说"（泥塑） 张立人

"请您进来"（泥塑）　张立人

"请看我身"（泥塑）　张立人

笑开外壳　周扬

和融千秋　品根斋

　　弥勒的造型艺术家们怀着一种童心，创作出不同形态的弥勒少年形象，这里有周扬的"笑开外壳"，品根斋的"和融千秋"，郑良军的"施财弥勒"，卢培钢的"笑抱大地"，小俞的"欢天喜地"，郭洪斌的"和谐如春风"。值得一提的是年轻的造型艺术家方勇程，用空心雕的形式，将小弥勒作为"吹""拉""弹""唱"的民间艺人，尽情地向人间施放乐曲，给人以另外一种情趣。

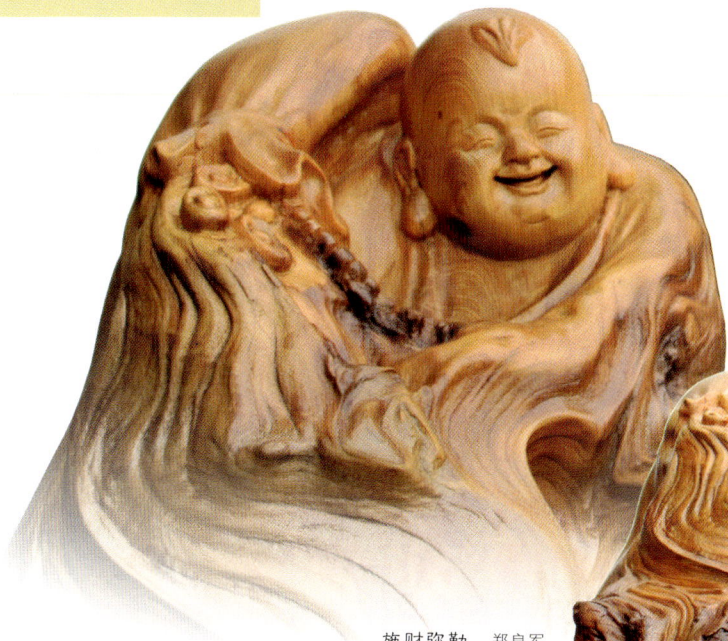

施财弥勒　郑良军

欢天喜地　小　俞

和谐如春风　郭洪斌

笑抱大地　卢培钢

吹　偶得堂方勇程

拉　偶得堂方勇程

弹　偶得堂方勇程

唱　偶得堂方勇程

其他如杨大力的"童年遐思";黄科达的"吹号弥勒"、"打鼓弥勒"、"又吹牛了"、"快乐童年";周永均的"在佛海中长大";俞赛炜的"刚刚开始";丁利锋的"又长一岁";陈浩的"输赢都一样";杨楷的"欢乐人间"等在少年弥勒的脸部上也紧紧抓住了神态的刻画,把少年的那种天真与童趣均通过雕刀反映出来,颇见功力。

童年遐思　兴国根石艺苑杨大力

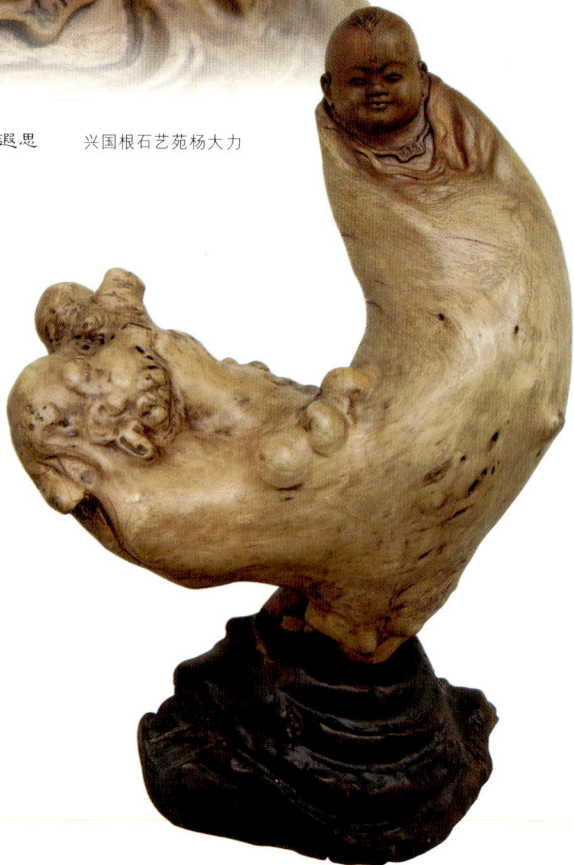

吹号弥勒　黄科达

对不起，又忘了　俞　田

输赢都一样　陈　浩

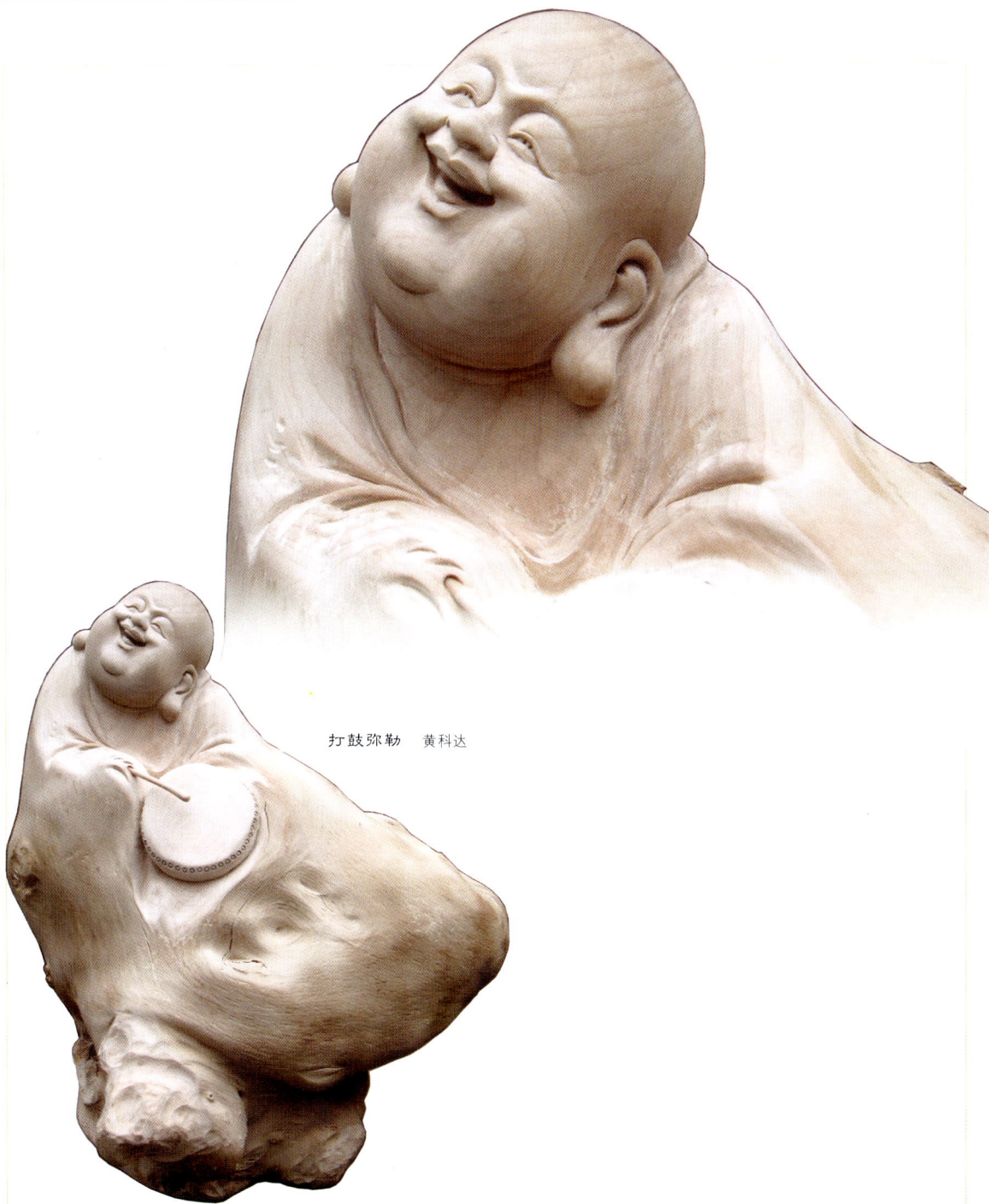

打鼓弥勒　黄科达

又吹牛了　黄科达

又长一岁　丁利锋

快乐童年　黄科达

刚刚开始　俞赛炜

在佛海中长大　周永均

前程远大　品根斋

欢乐人间　杨　楷

"多难为情"（根雕） 黄科达

笑对蓝天　谭荣初作　素臣藏

五、青年弥勒造像

　　青年，就像早晨八九点钟的太阳，充满着青春和活力，是一生中逐渐趋向成熟或已经成熟的时期，是人生的希望阶段。

　　谭荣初创作的"笑对蓝天"，把青年弥勒那种朝气蓬勃、勇往直前的精神气质刻画得入木三分。你看，弥勒已踏上漫漫的人生之路，不管前面有多少惊涛骇浪、艰难险阻，永远是一副灿烂的笑脸，化东风为春雨，变阴霾为蓝天。面对这尊造像，一股活力兴旺的青春朝气迎面扑来。在材质的处理上也有独到之处，弥勒那光洁而富有弹性的脸部肌肉隐隐露出木材的丝丝肌理，身披的袈裟在岁月沧桑中磨砺出木质的条条皱褶，这皱褶是天然形成的，匀称而有规律，宛如民间织工织出的那种有斜条的粗布，粗犷而厚实，为这尊弥勒凭添了一层平民的色彩，给人一种亲和力。

笑容满天下，肚内装乾坤　林格峰藏

　　林格峰收藏的"笑容满
天下，肚内装乾坤"也是一尊
青年弥勒佛造像，创制者巧借
古沉木深沉的黑色，使弥勒造
像显得稳重而敦实，在亲和而
诚挚的笑声中折射出一分憨
厚。

55

冰雪弥勒　　周永均

周永均创作的"冰雪弥勒"和林格峰收藏的作品绝然不同,创制者取材于一块罕见的白色柏树根,那厚厚的一层密密的小树瘤宛如雪花沾满了弥勒身上的袈裟。在严寒中弥勒紧裹着袈裟,挡住了他以往裸露的胸腹。弥勒自信地停立在冰天雪地中,丝毫不去理会漫天的鹅毛大雪,全神贯注地关心那些缺衣少穿的苦难百姓。从他那爽朗的笑声和亲切的目光中,我们已经知道弥勒已为苦难百姓指出了一条温暖的阳光大道。

品根斋创作的"荷叶下的笑容"表现的则是一个盛夏季节里的弥勒。满怀喜悦心情的弥勒刚从荷花盛开的荷塘里回来,被塘水打湿的袈裟紧贴着他的躯体,还往下滴着水珠。弥勒余兴未尽,扛着一枚硕大的荷叶珊珊而来,脸上漾溢着青春的笑容。

荷叶下的笑容　品根斋

力拔山河 周 扬

　　根雕艺术家周扬创作的"力拔山河"将一位刚刚从少年进入青年阶段的弥勒塑造得卓尔不凡。这是一件"根抱石"作品，根抱石是根材在生长中与岩石有机缠绕在一起的特殊形式。艺术家们巧妙地利用这种根与石的有缘结合创作了不少佳作，"力拔山河"便是其中的一件。作者对青年弥勒的形和神与岩石的结合上运用得十分巧妙。你看，初生牛犊不畏虎的弥勒，竟用双手用力扛一块比他身体大数倍的巨岩。他用足力气，闭起双眼，大吼一声，把这块巨岩掀动起来。而这形象，这神态，这岩石，均巧妙地运用根抱石的自然形态，令人叹为观止。

　　工艺美术师裴忠平创作的一组青年弥勒一反传统的造型，创作了新颖的弥勒形象。弥勒的身躯拉长了，脸型也相继拉长，额头扩大，下巴突出，眼睛眯成月牙形的弧线，两耳下垂后往两边拉开，从而给这尊笑佛添上了几分幽默恢谐。

乐缘一生　郭洪斌

　　其他如郭洪斌的"乐缘一生"，郑剑夫的"乐人心怀"，宋双炼的"笑悟人生"，夏箭斌的"乐走天涯路"，王剑锋的"荷叶下的欢乐"，胡月明的"敞袖飘然福气多"，吴建锋的"守住洞口"，戴森鑫的"云游"，张帅军的"喜结硕果"，俞赛炜的"笑做学问"，上海旺家根雕的"喜迁新居"等都是刻画青年弥勒造像的成功作品。

云　游　戴森鑫

喜结硕果　张帅军

守住洞口　吴建锋

笑做学问　俞赛炜

喜迁新居　旺家根雕廖浩鑫

笑悟人生　宋双炼

乐人心怀　郑剑夫

敞袖飘行福气多　胡月明

荷叶下的欢乐　王剑锋

乐走天涯路　偶得堂夏箭斌

六、中年弥勒造像

中年是一生中最成熟也是最有作为的时期，是人生的黄金阶段。

中年弥勒是造像中最多也是最受善男信女欢迎的，在全国各地寺院中的弥勒造像大多为中年弥勒的形象。

2009年3月，在无锡灵山举行的"山花烂漫·中国工艺美术大师佛教艺术珍品会展"上，浙江宁波宏托佛像精品公司创作的一尊"一笑吐出乾坤"造像便是中年弥勒，这尊造像受到参观者的称赞，堪称精品。

一笑吐出乾坤　浙江宁波宏托佛像精雕

如意宝珠弥勒 　福建木雕

弥勒呈安祥跌坐态势，右手抚膝，左手握布袋，双眼慈祥地平视前方，给人们带来无限的希望。弥勒笑口张开，露出一排整齐而洁白的牙齿，向人们传出他那爽朗而宽容的笑声。双耳垂肩，肥硕的耳轮向肩部展开，倾听着人们祈求的苦难声音和愿望。整个形象显得安祥、仁厚、亲切，似向百姓带去欢乐和安康，是一尊值得人们信赖的弥勒造像。

高级工艺美术师张德和创作的"大肚包藏世界"，以夸张的手法强化了弥勒的大肚，给人一种超凡的张力和气势。

"如意宝珠弥勒"、"吉祥欢乐弥勒"和"笑佛迎福"均是中年弥勒的造像，这三尊弥勒的造型十分洗练，每个转折面均为圆弧形，衣纹的皱褶被简化了，只概括成单条或几条，显得很柔和。造像突出的是弥勒那欢乐、亲和的精神面貌。

大肚包藏世界 　张德和

心中有佛　丁利锋

吉祥欢乐弥勒　福建木雕

财运笑中来　周洪洋

笑佛迎福　东阳雅趣堂藏

财盈万代　余春洲

万里赐福　福建木雕

福降人间　福建木雕

"万里赐福"、"世代沐福"、"福降人间"、"财盈万代"、"自得其乐"是五尊带有南国风味的中年弥勒造像。我国南方的木雕艺术家们创作的弥勒一般作站立状，身材偏矮，但矮得得体。头部呈肥胖的方圆形，双眉厚重而划出纹理，眼睛细眯呈月牙形，往往呈仰视状，眉心和下巴有一圆球形的肉缘。弥勒携带的布袋较为突出，有的扛在肩上，有的拉在身边，有的则踩在脚底。弥勒的佛珠刻画具体而细腻，一般挂在颈项，珠下往往有玉坠，上书"福"字。也有的握在手里，显得潇洒自如。

自得其乐　祝青

世代沐福　福建木雕

欢笑声中浔财缘　佚名

祥和(荷)浔元宝　谭荣初　裴晓东

扬臂弥勒　石汝求

这里我们撷选了陈炳忠、吴杰、俞赛炜、金星、李星、李国平、杨学德、郑建斌、林茂勇、谭荣初、裴晓东、周洪洋、石汝求等木雕艺术家创作的中年弥勒造像供大家欣赏。

喜满华夏　品根斋

潇洒如意到人间　佚名

蒲团弥勒　陈炳忠

寿桃弥勒　俞赛炜

如意弥勒　李　星

笑思弥勒　金　星

把财富撒向人间　吴　杰

六、中年弥勒造像

笑谈人生　林茂勇　　　　　　　一笑冲天　郑建彬

同乐　李国平

快乐弥勒　杨学德

迎福弥勒　邱日炎藏

欢乐慈祥慰众生　偶得堂

岁月如歌　兴国根石艺苑

数珠弥勒　裴晓东

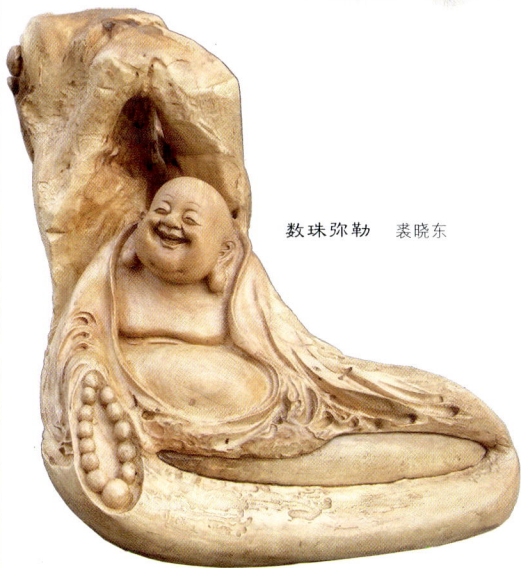

伴你一生快乐　　刘小平

七、老年弥勒造像

　　老年阶段的弥勒显得老成持重，充满笑意的圆脸中出现棱角和皱纹，从中折射出岁月留下的沧桑。然而，弥勒举手投足间仍向人间送去快乐，仍为人们排忧解难。人们对历尽岁月风烟的老年弥勒更为信仰，并在信仰中送去一份深深的敬意。

　　"伴你一生快乐"是艺术家刘小平创作的一尊老年弥勒造像。你看，饱览人间沧桑的弥勒对自己走过的道路充满着自信，他手攥乾坤珠，祝愿人间芸芸众生一生快乐。弥勒虽然已进入老年，下巴皮肤出现松驰，但其精神状态仍显得那么的健康，欢乐笑声仍然爽朗如初 。

取之有道　胡月亭

其他如胡月亭的"取之
有道"，夏浪的"欢乐一生"，杨
学德的"笑忆人生"以及多美
工艺收藏的"护幼弥勒"均是
老年弥勒造型中的精品。

欢乐一生 夏浪

护幼弥勒 多美工艺藏

笑叭人生　杨学德

一片慈心向阳开　周　扬

"一片慈心向阳开"是艺术家周扬的力作。阅历丰富的弥勒献出了一生的慈爱，从他不再圆润的皮肤和眉眼间的皱纹来看，弥勒已进入了老年，但弥勒对人间的慈心不变，作品重点突出了弥勒关注民间百姓的慈爱之心。

愿你一生平安　佚 名

欢喜佛　吴筱阳

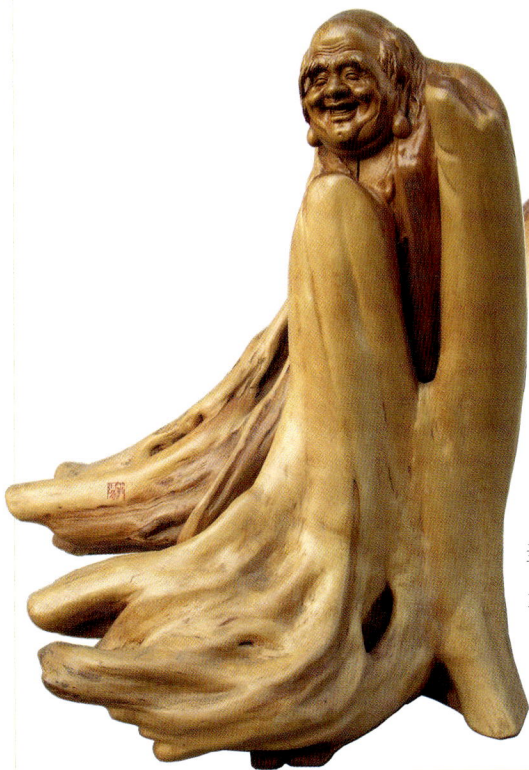

　　"欢喜佛"是木雕艺术家吴筱阳的力作。他着力刻画了老年弥勒宽容大度，亲和欢乐的精神面貌。当弥勒进入垂暮老年之际，他对亲和、欢乐、宽容的追求已经出现了很大的成效，他的弥勒信仰已广为接受。尽管这尊欢喜佛的额头、眼角刻上了深深的皱纹，苍老的眉毛已下垂到脸颊，然而他依然笑声朗朗，脸上漾溢着喜悦的欢颜。

坷坎路上寓欢乐　郑胜宁

一笑解百愁　新昌天趣根石艺术馆

老来乐　胡仁甫

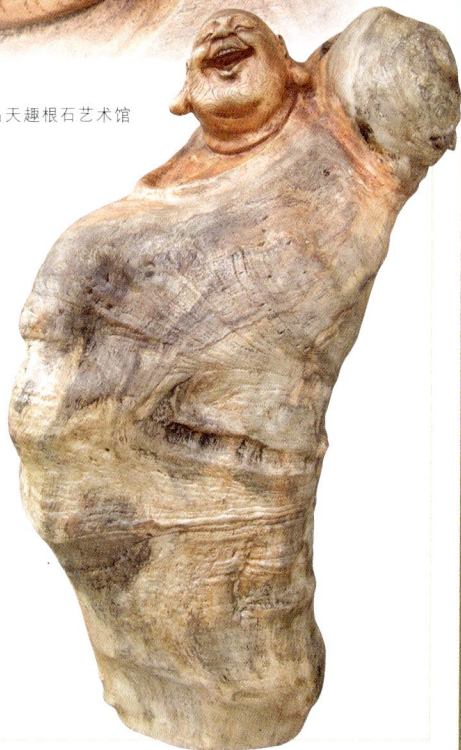

弥勒，这尊具有中国特色笑口永开的大肚和尚，赢得了我国历代人们广泛而持久的欢迎，特别是创建和谐社会的今天，其形象更受大家的青睐。艺术家们用不同的材质为这尊笑佛创作了无以数计的造像，有木雕、有泥塑、有石雕、有玉琢、有铜铸、有瓷塑、有紫砂、有核雕等。不同的材质造像显示出不同的艺术效果，木雕的典雅，泥塑的质朴，石雕的恢宏，玉琢的晶莹，铜铸的精致，瓷塑的光洁，紫砂的敦厚，尽管艺术志趣不同，但其中最大的一点是共通的，那就是弥勒爽朗真挚的笑脸，带给人们吉祥和谐的祝福。据说，谁去摸一下他的大肚皮，谁就能消灾除病，保佑平安。

本书撷选的弥勒是从千万尊造像中挑选出来的，我们不能说这些造像均是优秀的，但具有一定的代表性，是当今弥勒造像中的缩影。

上海延艺堂高级工艺美术师张立人用泥巴创作的一组大肚弥勒造像由六个弥勒组成，分别是"一路欢歌"、"与你有缘"、"喜忆往事"、"笑点迷津"、"满载而归"和"吉祥团圆"。由于泥巴有易断易裂，牢度差的局限，张立人却巧妙地驾驭这个"局限"，以团块结构的造型，压缩了弥勒的比例，给以横向的夸张，并简略了下肢。他通过这种恰到好处的艺术处理，更好地突出了大肚弥勒的风采。在质感的处理上，创制者也很到位，厚实粗糙的外衣和光洁圆润仿佛富有弹性的皮肤形成了明显的粗细对比，再加上

脸部刻画的传神，使这组弥勒成为造像中的经典。

"一路欢歌"中的弥勒，肩扛行囊，挺着大肚，摆动身姿，正在化缘的路上欢快地前进。我们虽看不到弥勒的双腿，但从他摆动的身姿和笑着与人们道别的欢颜上却感受到弥勒正迈开大步，乐此不疲地行进在布道化缘的大道上。

"与你有缘"中的弥勒，在行进的途中碰到一个又一个需要他帮助的人，他都认为这些人都是与自己有缘的，不管自己多忙，他都停下来给予耐心的帮助。他的态度是如此的真诚，乐呵呵地举起右手，笑指前方，给人们排忧解难的希望。

"喜忆往事"中的弥勒，在与人谈吐时，偶而说中一件

一路欢歌（泥塑）　张立人

与你有缘（泥塑）　张立人

喜忧往事（泥塑）　张立人

笑点迷津(泥塑)　　张立人

满载而归(泥塑)　　张立人

吉祥团圆(泥塑)　　张立人

值得回味而又十分有意义的往事，沉浸在乐趣中，不由自主地用右手摸着自己的头部，脸上露出由衷而欣喜的笑容。

"笑点迷津"中的弥勒，高兴地为走入迷途的芸芸众生指点迷津，使迷途者清醒头脑。你看，弥勒俯首望地，举起右手笑眯眯地为他讲清道理，使其尽快迷途知返，走入正道，看到光明。

"满载而归"中的弥勒，肩扛满满一布袋化缘得来的钱物，迈开稳健的大步，正满怀喜悦地返回住地。然而，我

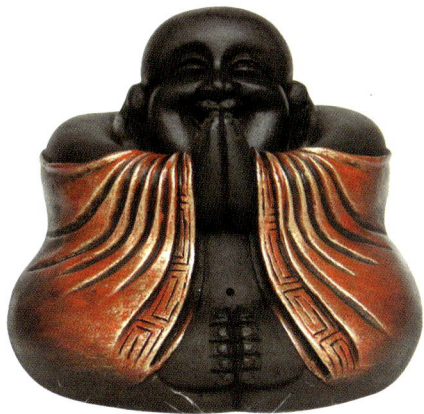

祝你顺利（金鸟炭雕） 青海

行脚弥勒（侧面） 张立人

们从锭开在弥勒脸上那亲和、慈爱的笑容看，其布袋中盛放的分明是苦难百姓的希冀和愿望。

"吉祥团圆"中的弥勒，脚踏神州实地，举起壮硕双臂，袒露滚圆大肚，用他充满阳光的笑脸给人们带去战胜困难的信心，美好生活的憧憬和吉祥团圆的祝福。

张立人创作的"行脚弥勒"是依照一件树根雕作品而仿制的，创作者用泥巴再现了树根雕中的行脚弥勒形象。那树皮脚根的质感用泥巴仿制出来，不仅惟妙惟肖，而且给人一种浑厚的韵味。

行脚弥勒（泥塑） 张立人

欢乐长春　福建会馆内

自由弥勒(大理石雕)　田兴强

田兴强创作的大理石雕"自由弥勒",将石材的磨光技艺运用到大理石上,使弥勒的光洁躯体与粗糙的原石形成了质感的对比。

陈小甫创作的青田石雕"佛在心中",巧妙地运用青田石的俏色,用晶莹纯净的冻玉来雕琢弥勒,而将棕褐色的石料来雕底座,给这尊笑佛增添了雅致。"哈啦菩萨笑弥勒"、"喜从天降"是两件玉雕作品,"如意弥勒"和"灵芝弥勒"是熊飞先生收藏的微型和田籽玉雕。这些作品以材质的晶莹使我们观赏到弥勒的圣洁和纯净。

怡然自得(泥塑)　陈金泉

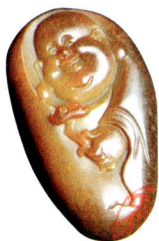

如意弥勒（和田籽玉雕）　熊飞收藏　　灵芝弥勒（和田籽玉雕）　熊飞收藏　　哈啦菩萨笑弥勒（玉雕）　佚名

喜从天降（玉雕）　佚名

佛在心中（青田石雕）　陈小甫

数珠铜弥勒(现代)

布袋铜弥勒（现代）

用青铜来铸造弥勒相对比较贵重，铜铸艺术家们以精到的写实功夫刻画了弥勒那种怡然自乐、无忧无虑、与世无争的神态。数珠铜弥勒、布袋铜弥勒和财神铜弥勒是三尊造型相似的弥勒铜像，弥勒呈坐势，坦胸露腹，右腿支起，左腿放下，右手抚在右腿上，或拿如意珠或拿佛珠，左手攥住布袋。脸呈笑意，双眼平视，显得慈祥而亲和。北京香山碧云寺大王殿内的明代铜佛，距今至少已有400年的历史，而后代的弥勒造型艺术家们则继承了传统的造型，只在局部作了一些修饰，从相互比较中，我们便可从中看出一脉相承的端倪。从这里我们可以看出，优秀的传统造像是会长期受到人们喜爱而代代相传的，弥勒的传统造像便是一个例证。

北京碧云寺天王殿财神
铜弥勒（明）

台湾南投县"中台禅寺"的铜铸弥勒以神韵取胜，弥勒穿的衣衫与身下的布袋均满布图案花纹，花纹虽满，但色泽典雅，衬以金色的躯体和左手捧的那支镶嵌着翡翠宝玉的如意，在富态中折射出几分雅气，在艳丽中蕴含几分大气。其和蔼慈祥的笑容给这位金装的弥勒增添了几分亲和力。

台湾南投县"中台禅寺"天王殿铜弥勒（现代）

正面

侧面

俯瞰

财神铜弥勒（现代）

行走铜弥勒（现代）

四海升平欢笑多　　　　　　送宝弥勒(青瓷)　　　　　　　五福和合

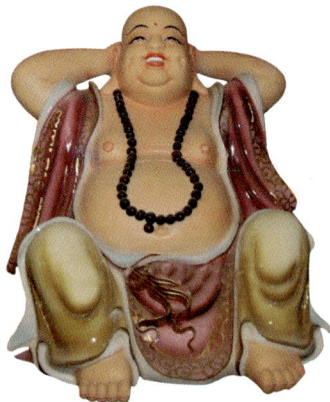

　　景德镇是闻名中外的瓷都,其制瓷成就之高,品种之多,是国内其他窑场难以企及的,其中雕塑瓷更是享誉海内外。雕塑瓷中的佛像诸神造型是一个大项,艺术表现力强,品种丰富多彩,弥勒造像便是其中之一,这里我们撷取了几件作品,供大家欣赏。

愉　悦(景德镇恒业陶瓷文化艺术交流中心藏品)韦毛华

岁岁迎祥　江西景德镇瓷器

丰丰纳福　江西景德镇瓷器

万象更新东方红　刘小平收藏

德化白瓷是中国瓷器中的上品，制作精细，质地紧密，晶莹如玉，釉面滋润如脂，有"象牙白"、"鹅绒白"等美称，在中国瓷品中具有举足轻重的重要地位。图中的几尊德化白瓷弥勒，釉色洁白细腻，造型超凡脱俗，清纯而雅致。

纳祥弥勒（德化白瓷）

传经弥勒（德化白瓷）

送福弥勒（德化白瓷）

迎福纳祥，地久天长（德化白瓷）

核雕是以桃核、杏核、橄榄核等果核进行雕刻的一门微雕艺术，材料不贵，贵在人工，讲究的是精细和艺术表现，制成佩件、扇坠、串珠等，为文人清玩之物，穿孔系在身上有辟邪功能。这里我们选择苏州橄榄核雕、上海小俊工艺和上海聚核堂的几件弥勒核雕，让大家来一睹核雕的风采。

长寿弥勒（橄榄核雕）
缪小明作　帅道富藏

自在弥勒（核雕）

欢乐相传（核雕）
上海聚核堂

三圣佛弥勒（橄榄核雕）　北京莲花居提供

细微处见爱心（核雕）　上海小俊工艺

九、童子戏弥勒

《西游记》作者吴承恩，大胆设想，把弥勒的布袋神化为一件装人的"人种袋"，在两军对阵时，只要把布袋往上一抛，"哗"的一声巨响，不管有多少人，"一搭包通装进去"。而在民间，"人种袋"又成了繁衍后代的"送子袋"，他和弥勒的大肚皮联系在一直，没有孩子的家庭，只要摸一下那圆鼓鼓的大肚子，"送子袋"中的孩子便会在梦中进入"无子妇女"的肚子中。"童子弥勒"的题材便来自此典故。戏弥勒的童子数量不限，一般以三五个为多。几个活泼可爱的大胖孩子在弥勒的大肚皮上爬上爬下，互相戏嬉，弥勒便多了个"送子弥勒"的美誉。

民间还有一个"六子戏弥勒"的典故。相传弥勒有个神袋，叫"收妖袋"专门用来收

五子戏弥勒 浙江新昌
大佛寺内的"佛山圣境"

五子戏弥勒（瓷器）

中国传统题材造型 **弥勒** ①

妖装魔。弥勒用收妖袋收了六个童子，这些童子都是本领高强的妖怪，一有机会就要到人间为非作歹，祸害百姓。所以，弥勒总是小心翼翼地看管他们，每次出门，就把他们装到袋子里随身带走，不让他们随处乱跑。但弥勒要做的事很多，总有疏忽的时候，妖怪们便会找空子跑出来，弥勒就要想方设法重新捉住他们，这一跑一捉就闹出了不少故事。

黄杨木雕艺术家朱子常创作的"弥勒戏婴"便是取材于"六子戏弥勒"的典故。弥勒席地而坐，六个小儿簇拥在周

六子戏弥勒（黄杨木雕）　朱子常

围，他们或爬伏在弥勒的肩上，或攀登于弥勒的手臂，或鼓腮吹喇叭，或戏坐在鞋内。人物造型生动有趣，衣纹柔软贴体，线条流畅有序。作品高22厘米，长30厘米，宽20厘米，现藏于浙江温州博物馆内。

从童子戏弥勒可引伸到"百子戏弥勒"。在中国传统文化中，百子有它的特定含义，百子的最早典故出于《诗经》，是歌颂周文王的子孙众多，现在用来寓意多子多福，子孙昌盛，万代延续。由于"百"含有大或者无穷的意思，因此，当百子与代表吉祥喜庆的弥勒佛结合在一起时，就把祝福、恭贺的良好愿望发挥到极致。

童子戏弥（紫砂）

三子戏弥勒（玉雕）

五子登科　金昌燕

笑戏弥勒　邱日炎藏

皆大喜欢　金林弟

双喜　林兴坦

越戏越欢　金星

如意五子

大型铜雕"百子戏弥勒"   江苏无锡灵山佛

　　"百子弥勒"的造像较多,其中最为典型的是江苏无锡灵山大佛下的大型青铜造像"百子戏弥勒"。

　　大型艺术珍品"百子戏弥勒",位于灵山大佛下的"阿育王柱广场"右侧。堪称我国最大的"百子戏弥勒"铜铸艺术品,高3米,宽7.8米,重达9吨。弥勒呈斜倚半卧状,神情和蔼,笑容可掬。在弥勒硕大的身体上,嬉戏着整整100个小顽童。他们形神各异,栩栩如生,有的在叠罗汉,有的在玩杂耍,有的在拔河,有的在掏耳,有的在滚打,有的在拿小树枝戳弥勒的肚脐,探寻着弥勒爷的肚脐眼有多深。更有调皮的竟然在弥勒身上撒尿。但弥勒一点也不生气,依旧乐呵呵的任其顽童们戏耍。百个嬉戏玩耍的孩童攀爬在笑眯眯的弥勒身上,给庄重肃穆的灵山平添了几分活泼的生气。这些小顽童为何如此捉弄弥勒呢?据说他们是在考验弥勒的肚量,是否真如世人称道的"大肚能容,容天下难容之事;慈颜常笑,笑天下可笑之人。"事实证明,只有心胸开阔的人才是真正拥有快乐的人。

大型铜雕"百子戏弥勒"局部之一

大型铜雕"百子戏弥勒"局部之四

大型铜雕"百子戏弥勒"局部之二

大型铜雕"百子戏弥勒"局部之五

大型铜雕"百子戏弥勒"局部之三

大型铜雕"百子戏弥勒"局部之六

财运高照（铜雕）

十、财神弥勒

财神，是中国传统的神仙，逢年过节，各地几乎都有"迎财神"、"敬财神"的风俗。财神有文武之分，文财神又称"财帛星君"、"增福财神"。其外形为天官模样，头戴宰相帽，身穿红色蟒袍，手持如意或元宝。民间认为文财神就是我国商朝时期有名的忠臣比干，他心地纯正，率直无私，故被后人奉为文财神。武财神则是商朝武官赵公明，后避世山中，精修至道，终至功成，后奉玉皇大帝的旨封为"神霄元帅"。

日进万金（铜雕）

恭喜发财（瓷器）

富态雍容（彩塑）

财运万里（铜雕）

恭喜发财（瓷器）

民间艺术家们大胆创新，把中国的吉祥大佛弥勒和文财神联系在一起，使这尊笑佛多了个"财神弥勒"的称号。在人们的世俗目光中，弥勒是一尊纯朴清和专为平民百姓排忧解难的祥和大佛，而财神弥勒却一反常态，使祥和的百姓大佛变成一尊雍容富态养尊处优的金佛。弥勒手捧的不再是佛珠，而是玉如意、金元宝和金币，他的布袋里装的也不是家常杂物，而是装满象征财富的宝物。他穿的也不再是粗布制作的僧衣，而是镶着花边、锈着花纹的高档锦帛袈裟。身上大多披着金装，富气十足。他们的姿态也千差万别，有端坐的，有倚坐的，有斜躺的，有行走的，有骑坐的，然而有一件是相同的，那就是他们的笑脸，依旧是那样的真切，那样的灿烂。

地处福建福州市鼓山的涌泉寺是全国重点寺院，寺内的弥勒佛也是财神的造像，两旁有副楹联令人深思："手上只有一金元，你也求他求，未知给谁是好；心中尚无半点事，朝来拜夕来拜，究竟为何理由。"此联讥讽了那些求神拜佛者的贪财心理，告诫人们勿贪不义之财，只有勤劳俭朴才是发家致富之路。

黄金万两（铜雕）

财源如意（银饰）

财神弥勒　黄斌武

福满人间　　旺家根雕廖浩鑫

高枕无忧（铜雕）

财源滚滚（彩塑）

欢乐聚财气（彩塑）

来之不易（瓷器）　刘小平收藏

和风润万金(冷瓷)　徐影收藏

和气生财(冷瓷)

一本万利(彩塑)

一本走万利(里)(瓷器)

福到财旺(冷瓷)

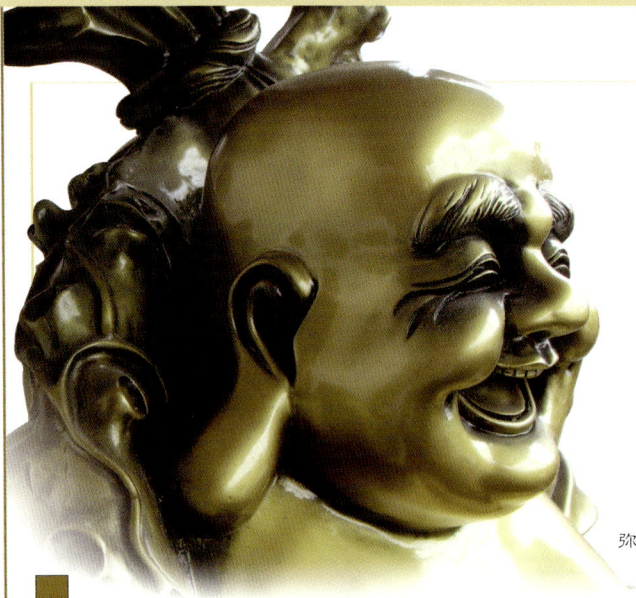

弥勒脸部造型之一

十一、中国弥勒的笑声

弥勒,是欢乐的象征,亲和的象征,宽容的象征,他给人最大的特征是春风满面的笑容,这笑容充满了无尽的慈爱,使人忘却身边的烦恼和忧愁,用快乐去面对一切。在这个章节里,我们特从众多的弥勒造像中撷取了有代表性的30余个弥勒脸部造型,组合成"笑"的集锦,带给大家。愿弥勒的满面春风消去你的百愁,愿弥勒的欢乐亲和带给你如意,愿弥勒的笑声永驻人间。

弥勒脸部造型之二　张浙英

弥勒脸部造型之三　德化白瓷

弥勒脸部造型之六　刘小平

弥勒脸部造型之四　陈金泉

弥勒脸部造型之五　李向东

弥勒脸部造型之七　陈　浩

弥勒脸部造型之八　俞赛炜

弥勒脸部造型之十　俞　田

弥勒脸部造型之九　丁利锋

弥勒脸部造型之十一　郑剑夫

弥勒脸部造型之十二　刘晓宝

弥勒脸部造型之十五　佘国平

弥勒脸部造型之十三　根缘阁

弥勒脸部造型之十四　郑方杨·鲍松平

弥勒脸部造型之十六　周　扬

弥勒脸部造型之十七　夏箭斌

弥勒脸部造型之二十　偶得堂夏箭斌

弥勒脸部造型之十八　木友堂藏

弥勒脸部造型之十九　吴建锋

弥勒脸部造型之二十一　俞赛炜

弥勒脸部造型之二十二　品根斋

弥勒脸部造型之二十五　根缘阁

弥勒脸部造型之二十三　刘小平藏

弥勒脸部造型之二十四　余春洲

弥勒脸部造型之二十六　郑剑夫

弥勒脸部造型之二十九　祝　青

弥勒脸部造型之三十　邓宇荣藏

弥勒脸部造型之二十七　谭荣初

弥勒脸部造型之二十八　夏箭斌

弥勒脸部造型之三十一　丁利锋

弥勒脸部造型之三十四　郑剑夫

弥勒脸部造型之三十二　谭荣初

弥勒脸部造型之三十三　俞赛炜

弥勒脸部造型之三十五　裴晓东

期盼与您携手同行（代后记）

我热爱中国的佛像造型艺术，早在20年前，我便在北京编著出版过《佛国造像艺术》，此后，又在上海编著出版过《佛像艺术造型》。近些年来，我与中国林业出版社结缘，先后在该社出版了《中国罗汉造像》、《中国菩萨造像》、《木雕弥勒百态》、《木雕观音百态》、《木雕罗汉百态》、《木雕达摩百态》等佛像艺术类书籍，得到读者的欢迎。现在我又在中国林业出版社的关心下，以全新的形式，打造"中国传统题材造型"系列丛书，弥勒，作为第一批题材首先推出。

弥勒的造像有三种式样："菩萨装"、"如来装"和"布袋和尚"。前两种是从古印度传入中国的，虽说在与中国传统文化的碰撞中大多被汉化了，但它们归根到底是外来佛像，而"布袋和尚"则是地地道道的中国笑弥勒。

在构筑本书框架中，我在兼顾"菩萨装"和"如来装"弥勒造像的基础上，把主要篇幅落在中国地道的布袋弥勒上，因为这尊弥勒是佛教文化传入中国后高度中国化的产物，是中华民族自己的传统，又由于弥勒是中国欢乐和谐的象征，为其造型的作品很多，故我分两册出版。

编著一本书，特别是编著一本上档次的好书，是作者文学素养与艺术造诣的结晶，对我来说，则是一次生命的燃烧。我用半年的时间，编著了这两本《弥勒》造型书籍，奉献到您的面前，期盼不吝指教。

早摘的青果难免苦涩，由于时间的匆促，视野的限制，在精品的选择、照片的拍摄上，还存在着种种不足，许多优秀的好作品还在我视线够不到的书外，因此，本书的出版仅起到抛砖引玉的作用。我期盼与更多的造型艺术家们结成朋友，吸纳更多的传统题材作品。这一方面让优秀的造型作品得到亮相的机会，特别是那些名不见经传而又身怀绝艺的艺术家们能冒出"艺术的地平线"，使自己的人生价值得到体现；另一方面也让我以后陆续编写出版的达摩、罗汉、神仙、济公、仕女、武将神将、民俗风情、动物、神龙、山水、花鸟、亭子以及民居牛腿等造型专集的质量得到进一步提高。

在弘扬中国传统文化的事业中，在开创中国传统题材造型艺术的新路中，我期盼与您携手同行。

徐华铛

2010年11月10日于浙江嵊州市
东豪新村10幢105室"远尘斋"